Impressum
Verlag: BABADADA GmbH, Nedderfeld 112 , 22529 Hamburg
Geschäftsführer / Verlagsleitung: Harald Hof
Druck: Books on Demand GmbH, In de Tarpen 42, 22848 Norderstedt

Imprint
Publisher: BABADADA GmbH, Nedderfeld 112 , 22529 Hamburg, Germany
Managing Director / Publishing direction: Harald Hof
Print: Books on Demand GmbH, In de Tarpen 42, 22848 Norderstedt, Germany

škola

школа

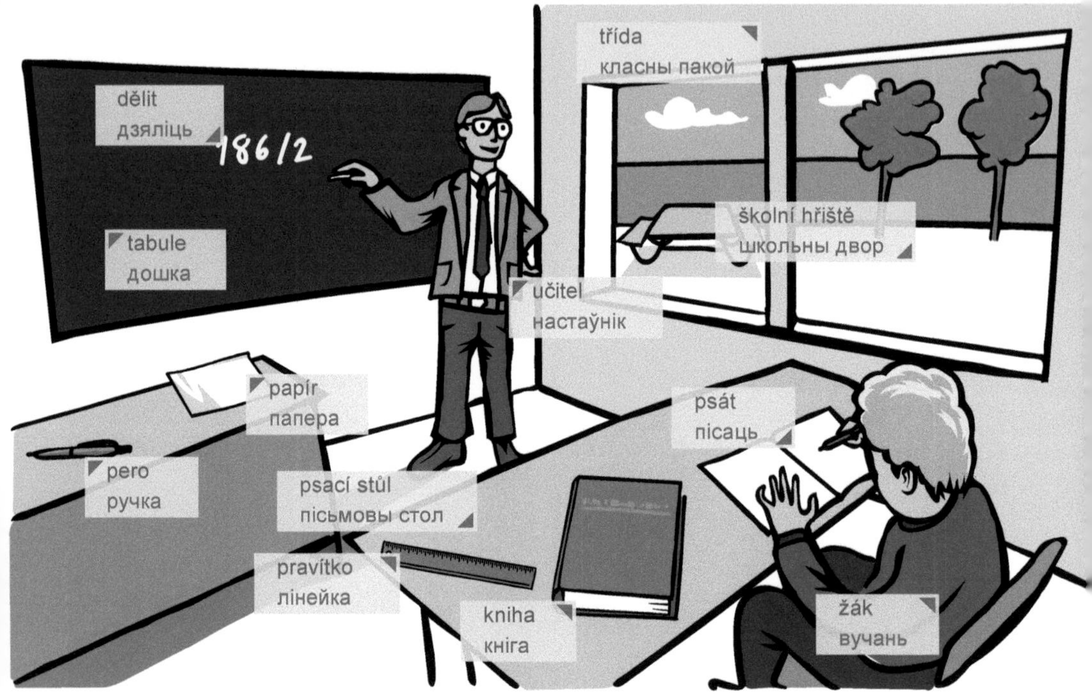
třída
класны пакой
dělit
дзяліць
186/2
tabule
дошка
školní hřiště
школьны двор
učitel
настаўнік
papír
папера
psát
пісаць
pero
ручка
psací stůl
пісьмовы стол
pravítko
лінейка
kniha
кніга
žák
вучань

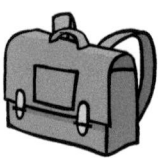

aktovka

ранец

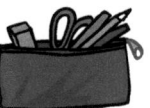

penál

пенал

tužka

просты аловак

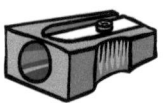

ořezávátko

тачылка для алоўкаў

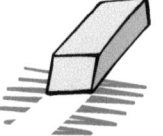

guma

гумка

blok na kreslení

альбом для малявання

výkres

малюнак

štětec

пэндзлік

malířské potřeby

фарбы

nůžky

нажніцы

lepidlo

клей

cvičebnice

сшытак

domácí úkol

хатняе заданне

počet

лік

2+2

sčítat

дадаваць

5-2

odčítat

адымаць

násobit

множыць

počítat

лічыць

písmeno

літара

ABCDEFG
HIJKLMN
OPQRSTU
VWXYZ

abeceda

алфавіт

slovo

слова

text

тэкст

číst

чытаць

křída

крэйда

hodina

ўрок

třídní kniha

класны журнал

zkouška

экзамен

vysvědčení

атэстат

školní uniforma

школьная форма

vzdělání

адукацыя

encyklopedie

энцыклапедыя

univerzita

універсітэт

mikroskop

мікраскоп

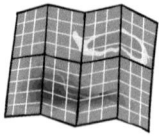

karta

карта

odpadkový koš na papír

смеццевы кошык

cesta

падарожжа

hotel
гатэль
Grand
ubytovna
хостэл
ROOMS
EXCHANGE
směnárna
абменны пункт
kufr
чамадан
auto
аўтамабіль

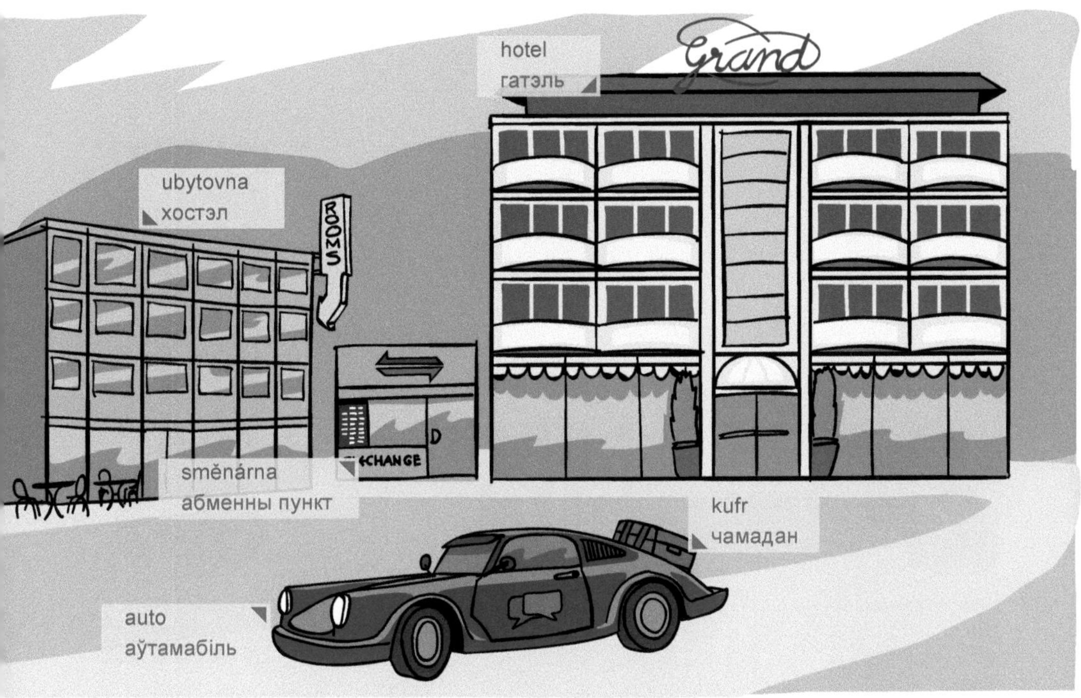

jazyk

мова

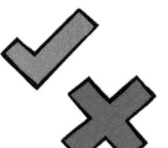

ano / ne

так / не

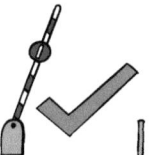

oukej

добра

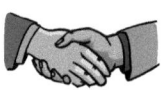

Ahoj!

прывітанне!

překladatel

перакладчык

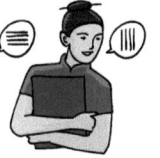

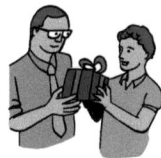

děkuji

дзякуй

Kolik stojí...?

Колькі каштуе....?

nerozumím

я не разумею

problém

праблема

Dobrý večer!

Добры вечар!

Dobré ráno!

Добрай раніцы!

Dobrou noc!

Дабранач!

na shledanou

да пабачэння

směr

кірунак

zavazadlo

багаж

taška

сумка

batoh

заплечнік

host

госць

pokoj

пакой

spací pytel

спальны мяшок

stan

палатка

turistické informace

інфармацыя для турыстаў

pláž

пляж

kreditní karta

крэдытная картка

snídaně

снеданне

oběd

абед

večeře

вячэра

jízdenka

праязны білет

výtah

ліфт

poštovní známka

паштовая марка

hranice

мяжа

clo

мытня

poselství

пасольства

vízum

віза

pas

пашпарт

transport

транспарт

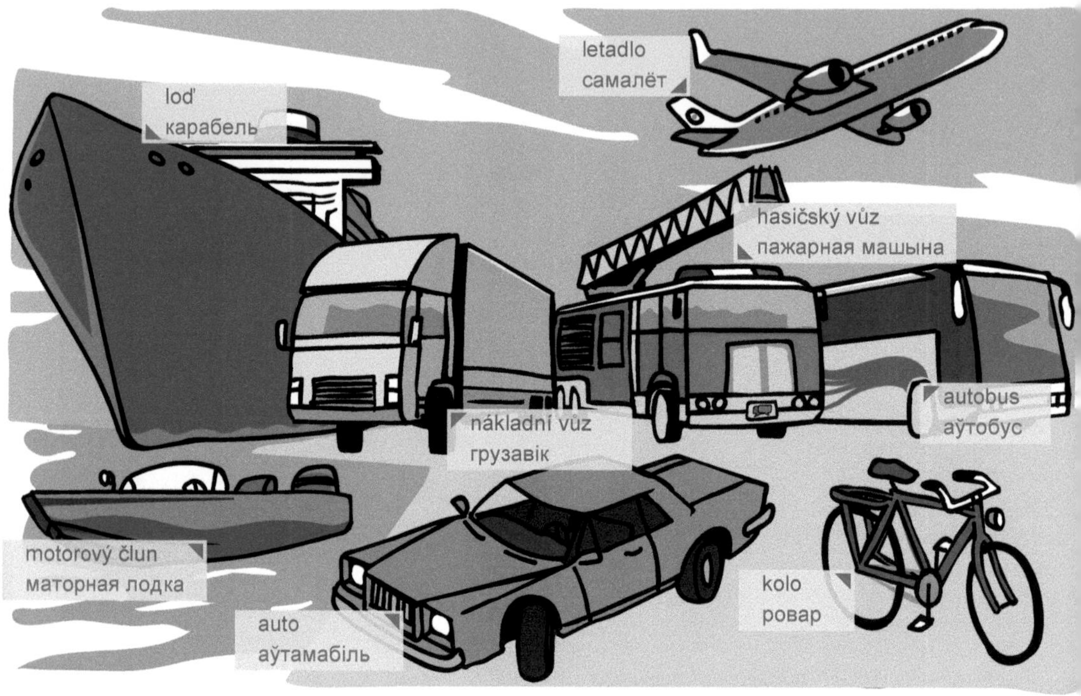

letadlo
самалёт
loď
карабель
hasičský vůz
пажарная машына
autobus
аўтобус
nákladní vůz
грузавік
motorový člun
маторная лодка
kolo
ровар
auto
аўтамабіль

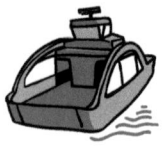

přívoz

паром

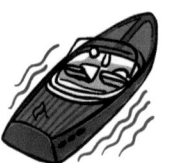

člun

лодка

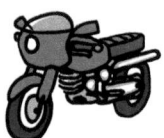

motorka

матацыкл

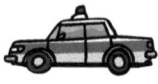

policejní auto

паліцэйская машына

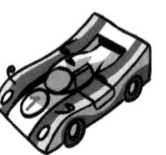

závodní auto

гоначны аўтамабіль

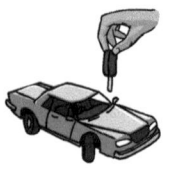

pronajaté auto

арэндаваны аўтамабіль

sdílení aut

сумеснае карыстанне аўтамабілем

odtahová služba

эвакуатар

popelářský vůz

смеццявоз

motor

матор

palivo

паліва

čerpací stanice

запраўка

dopravní značka

дарожны знак

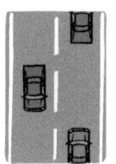

doprava

дарожны рух

dopravní zácpa

затор

parkoviště

паркоўка

vlakové nádraží

чыгуначная станцыя

koleje

рэйкі

vlak

цягнік

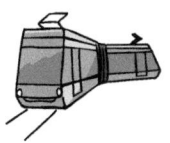

tramvaj

трамвай

vagón

вагон

helikoptéra

верталёт

letiště

аэрапорт

věž

вежа

pasažér

пасажыр

kontejner

кантэйнер

kartón

кардонная скрыня

trakař

тачка

koš

карзіна

vzlétnout / přistát

ўзлятаць / прызямляцца

město

горад

vesnice

вёска

střed města

цэнтр горада

dům

дом

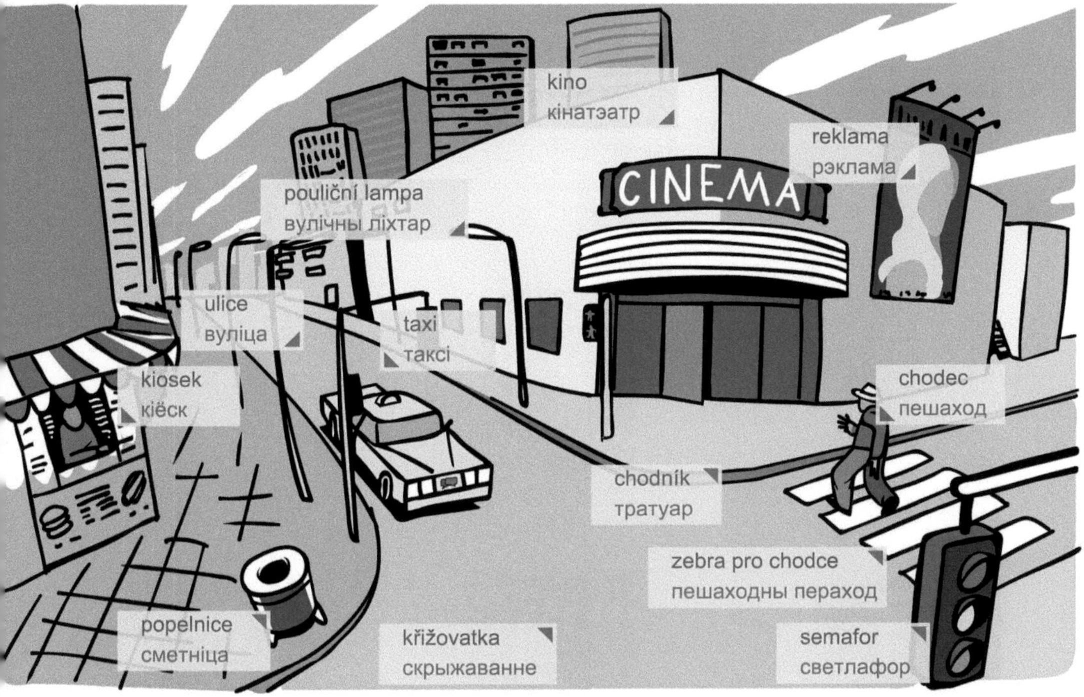
kino
кінатэатр
CINEMA
reklama
рэклама
pouliční lampa
вулічны ліхтар
ulice
вуліца
taxi
таксі
kiosek
кіёск
chodec
пешаход
chodník
тратуар
zebra pro chodce
пешаходны пераход
popelnice
сметніца
křižovatka
скрыжаванне
semafor
светлафор

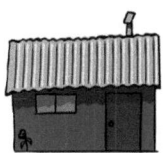

chata

халупа

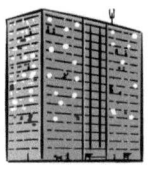

byt

кватэра

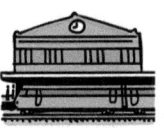

vlakové nádraží

чыгуначная станцыя

radnice

ратуша

MUSEUM

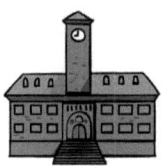

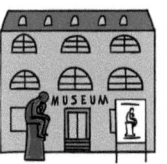

muzeum

музей

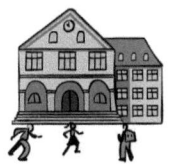

škola

школа

univerzita

універсітэт

banka

банк

nemocnice

шпіталь

hotel

гатэль

lékárna

аптэка

kancelář

офіс

knihkupectví

кнігарня

obchod

крама

květinářství

кветкавая крама

supermarket

супермаркет

tržnice

кірмаш

obchodní dům

універмаг

rybárna

рыбная крама

nákupní centrum

гандлевы цэнтр

přístav

порт

park

парк

lavička

лава

most

мост

schody

лесвіца

metro

метро

tunel

тунэль

autobusová zastávka

прыпынак

bar

бар

restaurace

рэстаран

poštovní schránka

паштовая скрыня

pouliční tabule

вулічны паказальнік

parkovací hodiny

паркамат

zoo

заапарк

plovárna

басейн

mešita

мячэць

usedlost

сядзіба

znečišťování životního prostředí

забруджванне навакольнага асяроддзя

hřbitov

могілкі

církev

царква

hřiště

пляцоўка для гульні

chrám

храм

krajina
краявід

list
ліст

rozcestník
паказальнік

cesta
дарога

louka
луг

kámen
камень

strom
дрэва

turista
падарожнік

řeka
рака

tráva
трава

květina
кветка

údolí
....
даліна

hora
....
гара

jezero
....
возера

les
....
лес

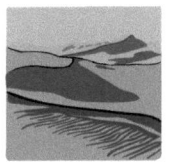

poušť
....
пустыня

sopka
....
вулкан

zámek
....
замак

duha
....
вясёлка

houba
....
грыб

palma
....
пальма

komár
....
камар

moucha
....
муха

mravenec
....
мурашка

včela
....
пчала

pavouk
....
павук

brouk

жук

žába

жаба

veverka

вавёрка

ježek

вожык

zajíc

заяц

sova

сава

pták

птушка

labuť

лебедзь

divoké prase

дзік

jelen

алень

los

лось

přehrada

плаціна

větrné kolo

вятрак

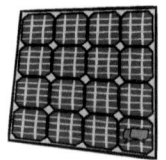

solární panel

сонечная батарэя

podnebí

клімат

číšník
афіцыянт

jídelní lístek
меню

židle
крэсла

polévka
суп

pizza
піца

příbor
сталовыя прыборы

ubrus
абрус

předkrm
закуска

hlavní chod
другая страва

dezert
дэсерт

nápoje
напоі

jídlo
ежа

láhev
бутэлька

rychlé občerstvení
....
хуткае харчаванне (фаст-
фуд)

pouliční občerstvení
....
стрыт-фуд

čajová konvice
....
імбрык (чайнік)

cukřenka
....
цукарніца

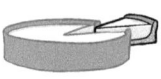

porce
....
порцыя

kávovar na espresso
....
эспрэса-машына

dětská stolička
....
дзіцячае крэселка

faktura
....
рахунак

tác
....
паднос

nůž
....
нож

vidlička
....
відэлец

lžíce
....
лыжка

čajová lyžička
....
чайная лыжка

ubrousek
....
сурвэтка

sklenička
....
шклянка

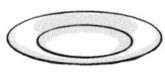

talíř

талерка

talíř na polévku

супавая талерка

podšálek

сподак

omáčka

соус

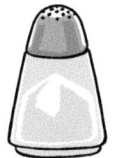

slánka

сальніца

mlýnek na pepř

млынок для перцу

ocet

воцат

olej

алей

koření

спецыі

kečup

кетчуп

hořčice

гарчыца

majonéza

маянэз

supermarket

супермаркет

nabídka
акцыя
FOR
zákazník
пакупнік
mléčné výrobky
малочныя прадукты
ovoce
садавіна
nákupní vozík
вазок

BUTCHERS

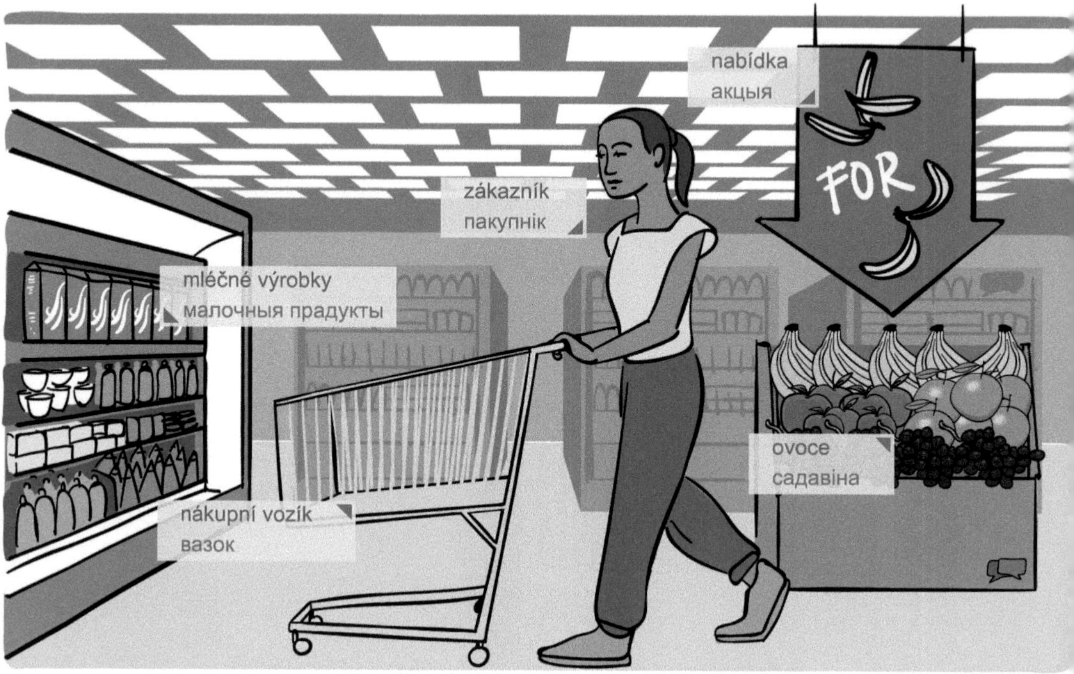

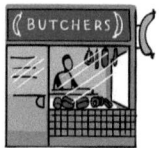

masna

мясная крама

BAKERY

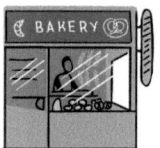

pekařství

хлебны магазін

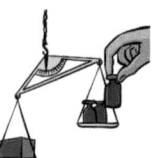

vážit

важыць

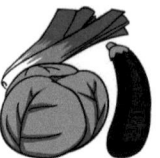

zelenina

гароднiна

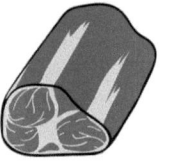

maso

мяса

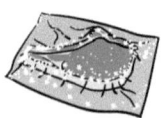

mražené potraviny

свежазамарожаныя прадукты

obložený talíř

нарэзка

konzervy

кансервы

prací prášek

пральны парашок

cukrovinky

прысмакі

výrobky pro domácnost

хатнія прылады

čisticí prostředek

чысцячы сродак

prodavačka

прадавец

pokladna

каса

pokladní

касір

nákupní seznam

спіс пакупак

otevírací doba

гадзіны працы

peněženka

бумажнік

kreditní karta

крэдытная картка

taška

сумка

igelitová taška

пакет

voda

вада

džus

сок

mléko

малако

kola

кола

víno

віно

pivo

піва

alkohol

алкаголь

kakao

какава

čaj

гарбата (чай)

káva

кава

espresso

эспрэса

kapučíno

капучына

banán

банан

jablko

яблык

pomeranč

апельсін

meloun

дыня

citrón

лімон

mrkev

морква

česnek

часнок

bambus

бамбук

cibule

цыбуля

houba

грыб

ořechy

арэхі

těstoviny

локшына

špageti

спагеці

rýže

рыс

salát

салата

hranolky

бульба фры

americké brambory

смажаная бульба

pizza

піца

hamburger

гамбургер

sendvič

бутэрброд

řízek

шніцаль

šunka

вяндліна

salám

салямі

salám

каўбаса

kuře

курыца

pečeně

смажаніна

ryby

рыбак

ovesné vločky

аўсяныя камякі

müsli

мюслі

vločky

кукурузныя шматкі

mouka

мука

croissant

круасан

houska

булачка

chléb

хлеб

toast

тост

sušenky

пячэнне

máslo

масла

tvaroh

тварог

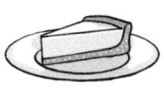

buchta

пірог

vejce

яйка

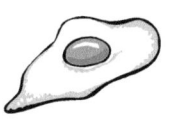

volské oko

яечня

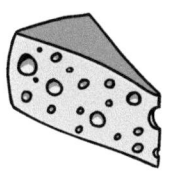

sýr

сыр

zmrzlina

марожанае

cukr

цукар

med

мёд

marmeláda

варэнне

nugátový krém

нуга

kari

кары

usedlost

сядзіба

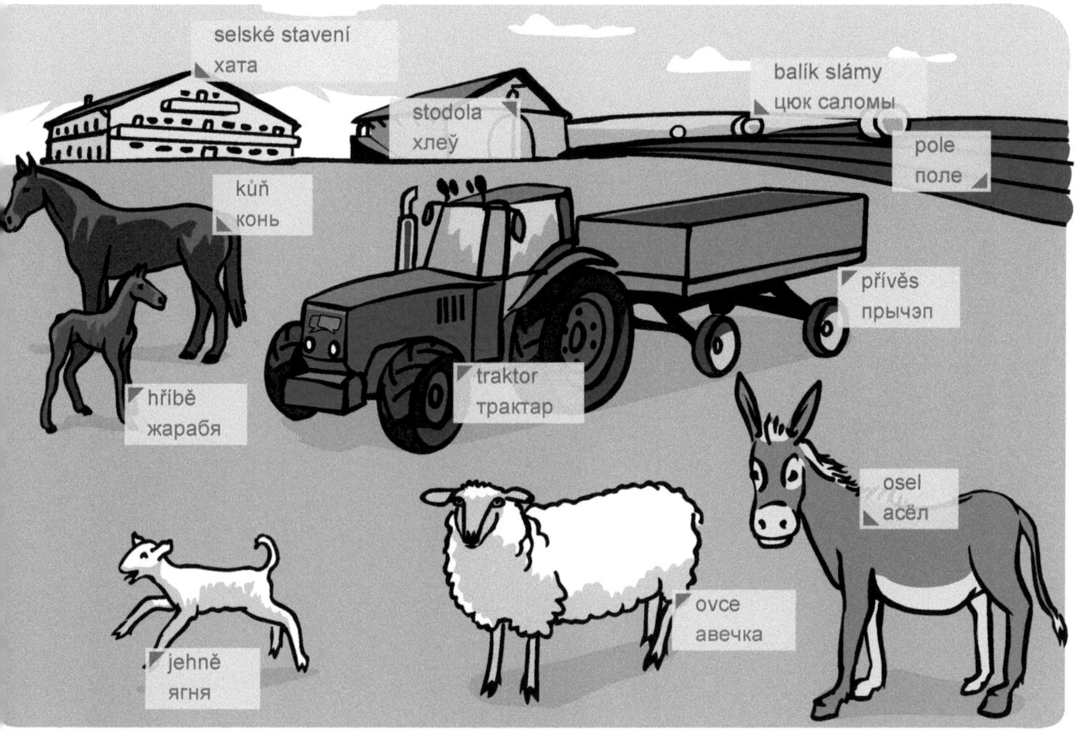
selské stavení
хата
stodola
хлеў
balík slámy
цюк саломы
pole
поле
kůň
конь
přívěs
прычэп
traktor
трактар
hříbě
жарабя
osel
асёл
ovce
авечка
jehně
ягня

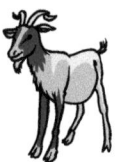

koza

каза

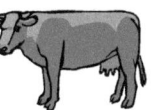

kráva

карова

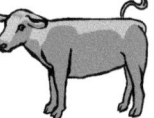

tele

цяля

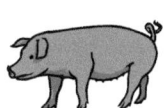

prase

свіння

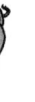

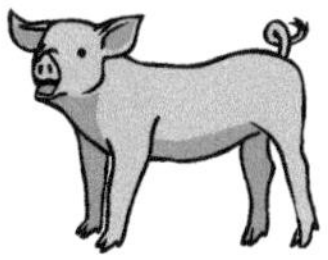

sele

парася

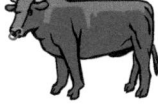

býk

бык

husa

гусак

kachna

качка

kuře

кураня

slepice

курыца

kohout

певень

krysa

пацук

kočka

кот

myš

мыш

vůl

вол

pes

сабака

psí bouda

сабачая будка

zahradní hadice

садовы шланг

kropicí konev

палівачка

kosa

каса

pluh

плуг

srp

серп

motyka

матыка

vidle

вілы для гною

sekera

сякера

kolecko

тачка

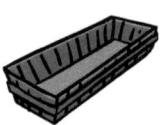

koryto

карыта

konev na mléko

бітон для малака

pytel

мех

plot

плот

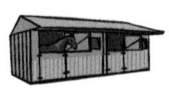

stáj

хлеў

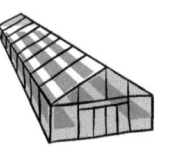

skleník

цяпліца

půda

глеба

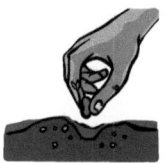

osivo

насенне

hnojivo

угнаенне

kombajn

камбайн

sklidit

збіраць ураджай

sklizeň

ураджай

smldinec

ямс

pšenice

пшаніца

sója

соя

brambora

бульба

kukuřice

кукуруза

řepka

рапс

ovocný strom

садовае дрэва

maniok

маніёк

obilí

збожжа

dům
дом

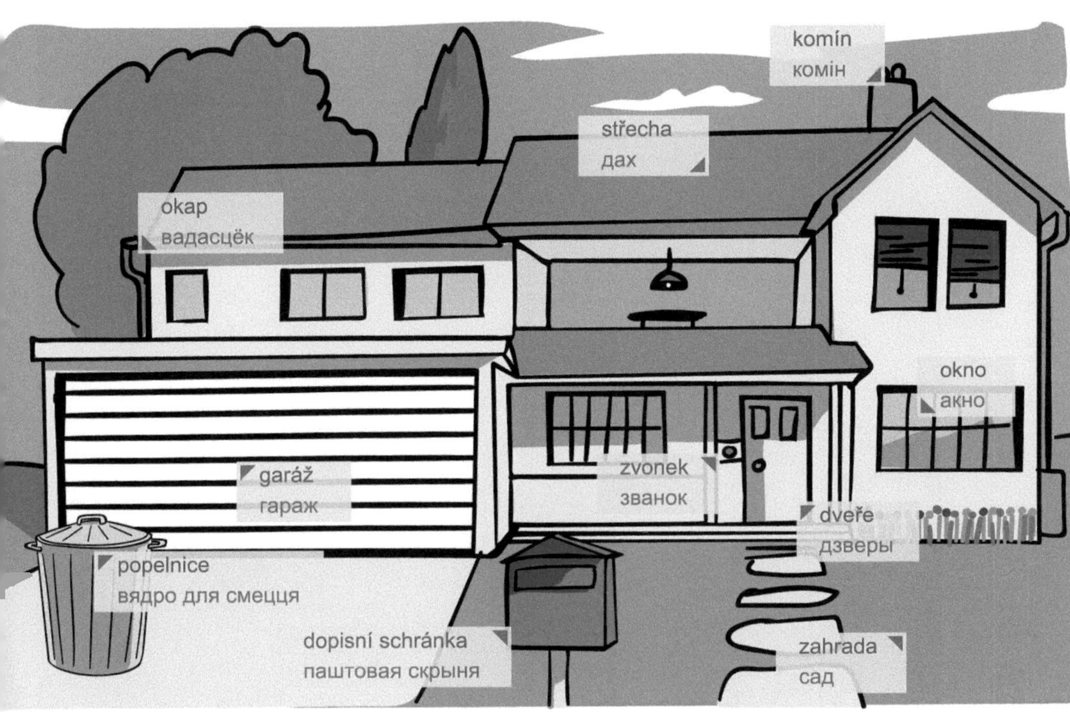

komín
комін
střecha
дах
okap
вадасцёк
okno
акно
garáž
гараж
zvonek
званок
dveře
дзверы
popelnice
вядро для смецця
dopisní schránka
паштовая скрыня
zahrada
сад

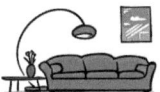

obývací pokoj

жылы пакой

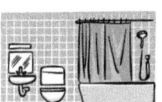

koupelna

ванная

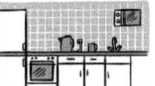

kuchyně

кухня

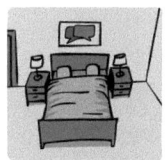

ložnice

спальны пакой

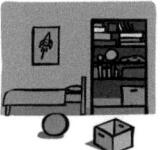

dětský pokoj

дзіцячы пакой

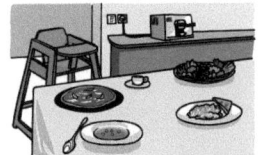

jídelna

сталоўка

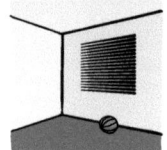

podlaha

падлога

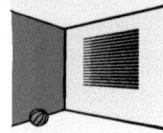

zeď

сцяна

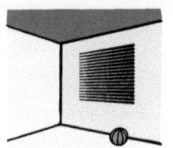

deka

столь

sklep

падвал

sauna

саўна

balkón

балкон

terasa

тэраса

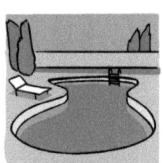

bazén

басейн

sekačka na trávu

касілка

ložní prádlo

падкоўдранік

lůžková přikrývka

коўдра

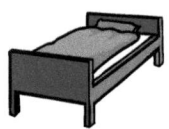

postel

ложак

smeták

венік

kýbl

вядро

vypínač

выключальнік

obývací pokoj

жылы пакой

tapeta
шпалеры
obrázek
малюнак
žárovka
лямпа
police
паліца
skříň
шафа
televizor
тэлевізар
komín
камін
květina
кветка
polštář
падушка
gauč
канапа
váza
ваза
dálkový ovladač
пульт

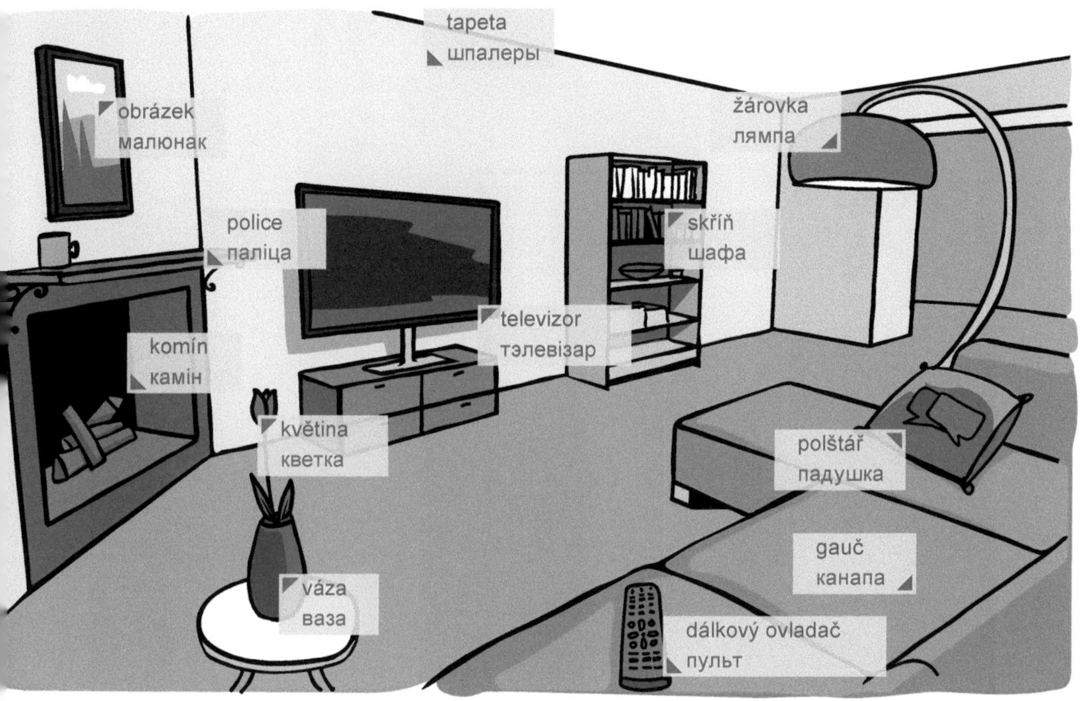

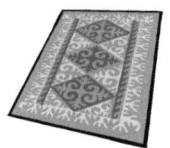

koberec

дыван

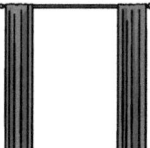

závěs

фіранка

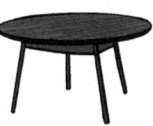

stůl

стол

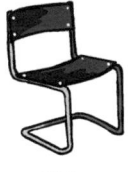

židle

крэсла

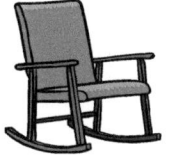

houpací křeslo

крэсла-качалка

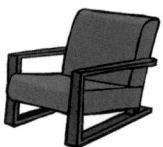

křeslo

крэсла

kniha

кніга

strop

коўдра

ozdoba

дэкарацыя

palivové dříví

дровы

film

кіно

stereo souprava

стэрэасістэма

klíč

ключ

noviny

газета

malba

карціна

plakát

постар

rádio

радыё

poznámkový blok

нататнік

vysavač

пыласос

kaktus

кактус

svíce

свечка

kuchyně
кухня

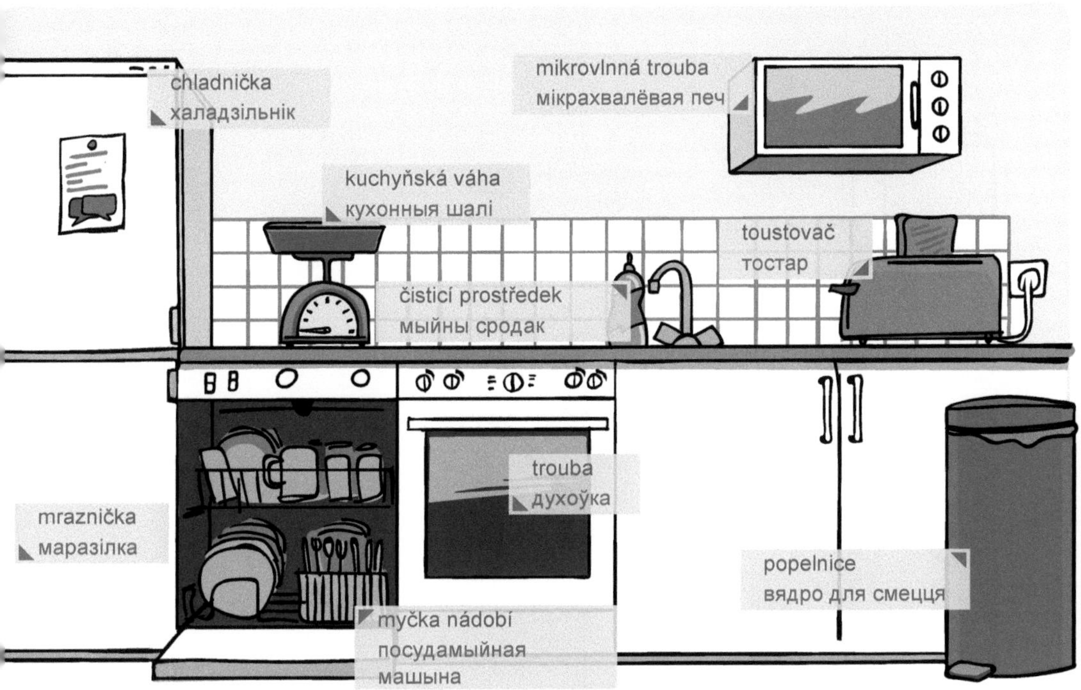

chladnička
халадзільнік
mikrovlnná trouba
мікрахвалёвая печ
kuchyňská váha
кухонныя шалі
toustovač
тостар
čisticí prostředek
мыйны сродак
trouba
духоўка
mraznička
маразілка
popelnice
вядро для смецця
myčka nádobí
посудамыйная
машына

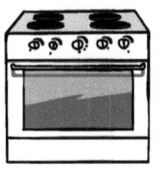

sporák

плíта

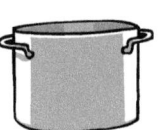

hrnec

рондаль

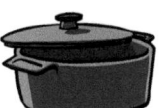

litinový hrnec

чыгунок

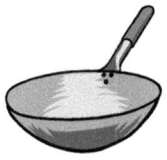

wok / kadai

Вок / кадаі

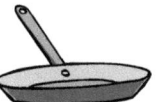

pánev

патэльня

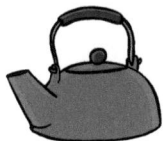

varná konvice

чайнік

parní hrnec

параварка

plech na pečení

бляха

nádobí

посуд

hrnek

кубак

miska

міска

jídelní hůlky

палачкі для ежы

naběračka

чарпак

obracečka

лапатачка

metla

збівалка

síto

сіта для варэння

cedník

сіта

struhadlo

тарка

hmoždíř

ступка

gril

грыль

ohniště

вогнішча

prkénko na krájení

дошка

váleček na těsto

качалка

vývrtka

штопар

dóza

бляшанка

otvírák na konzervy

адкрывалка

chňapka

прыхваткі

umyvadlo

ракавіна

kartáč na nádobí

шчотка

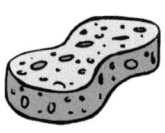

houba

губка

mixér

міксер

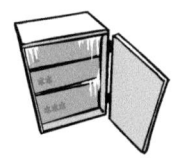

mrazák

маразільная камера

dětská lahev

бутэлечка

kohoutek

вадаправодны кран

koupelna

ванная

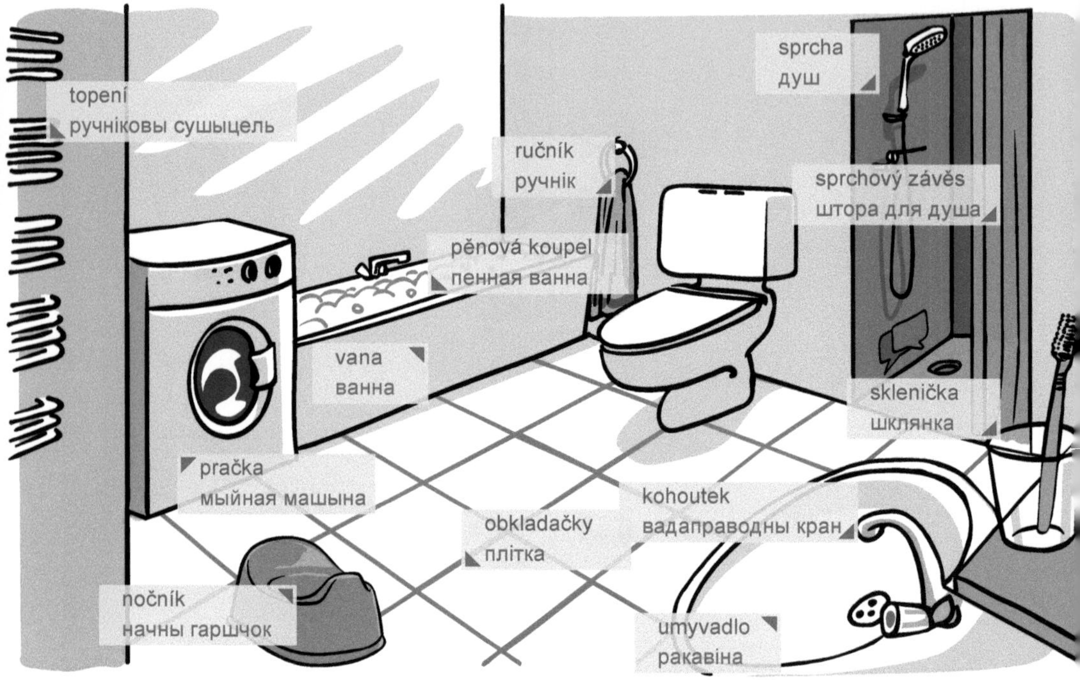

topení
ручніковы сушыцель
sprcha
душ
ručník
ручнік
sprchový závěs
штора для душа
pěnová koupel
пенная ванна
vana
ванна
sklenička
шклянка
pračka
мыйная машына
kohoutek
вадаправодны кран
obkladačky
плітка
nočník
начны гаршчок
umyvadlo
ракавіна

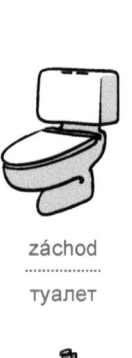

záchod

туалет

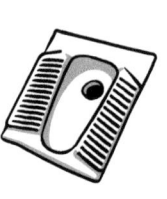

turecký záchod

падлогавы ўнітаз

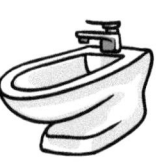

bidet

бідэ

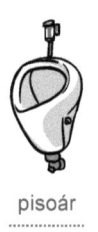

pisoár

пісуар

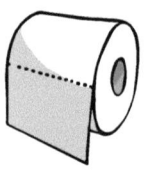

toaletní papír

туалетная папера

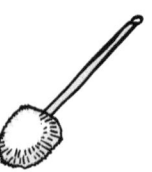

záchodová štětka

шчотка для чысткі ўнітаза

zubní kartáček

зубная шчотка

zubní pasta

зубная паста

zubní niť

зубная нітка

mýt

мыць

ruční sprcha

ручны душ

intimní sprcha

інтымны душ

umyvadlo

умывальнік

kartáč na záda

шчотка для спіны

mýdlo

мыла

sprchový gel

гель для душа

šampón

шампунь

žínka

вяхотка

odpad

вадасцёк

krém

крэм

deodorant

дэзадарант

zrcadlo

люстэрка

kosmetické zrcátko

касметычнае люстэрка

holicí strojek

станок для галення

pěna na holení

пена для галення

voda po holení

ласьён пасля галення

hřeben

грэбень

kartáč

шчотка

fén

фен

lak na vlasy

лак для валасоў

makeup

касметыка

rtěnka

памада

lak na nehty

лак для пазногцяў

vata

вата

nůžky na nehty

манікюрныя нажніцы

parfém

духі

taška s toaletními potřebami

касметычка

stolička

табурэтка

váha

вагі

župan

лазневы халат

gumové rukavice

санітарныя пальчаткі

tampón

тампон

dámská vložka

гігіенічныя пракладкі

chemická toaleta

біятуалет

dětský pokoj

дзіцячы пакой

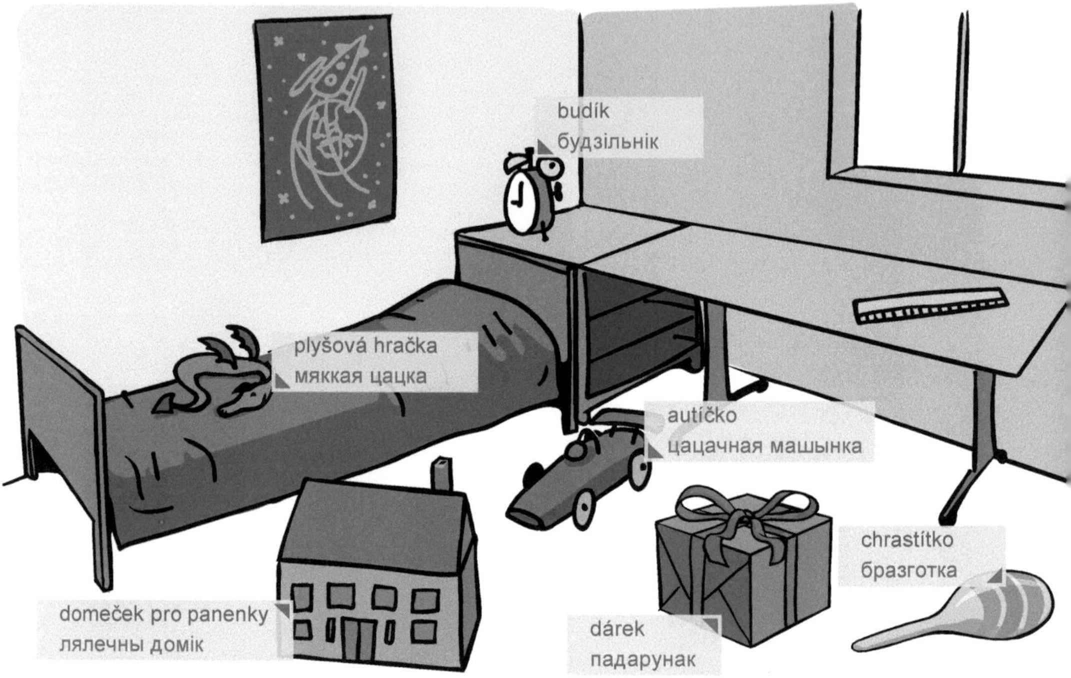
budík
будзільнік
plyšová hračka
мяккая цацка
autíčko
цацачная машынка
chrastítko
бразготка
domeček pro panenky
лялечны домік
dárek
падарунак

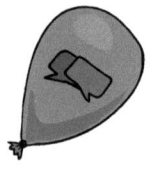

balón

надзіманы шарык

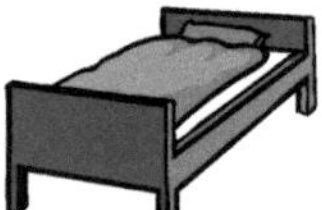

postel

ложак

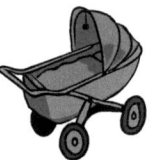

kočárek

дзіцячая каляска

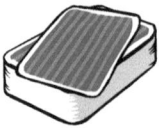

balíček karet

калода картаў

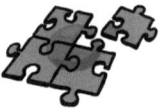

puzzle

пазл

komiks

комікс

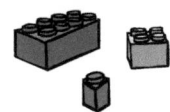

lego kostky

канструктар "Лега"

stavebnice

канструктар

akční figurka

экшэн-фігурка

dupačky

дзіцячы гарнітур

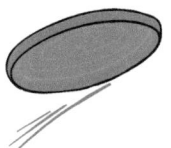

frisbee

фрызбі

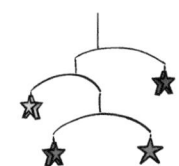

závěsné hračky nad
postýlku

дзіцячы мабіль

desková hra

настольная гульня

kostky

кубік

modelová železnice

дзіцячая чыгунка

dudlík

пустышка

oslava

дзіцячае свята

obrázková kniha

кніга з малюнкамі

míč

мячык

panenka

лялька

hrát si

гуляцца

pískoviště

пясочніца

houpačka

арэлі

hračky

цацкі

hrací konzole

гульнявая відэа прыстаўка

tříkolka

трохколавы ровар

medvídek

плюшавы мішка

šatník

шафа

oblečení

адзенне

ponožky

шкарпэткі

punčochy

панчохі

punčochové kalhoty

калготкі

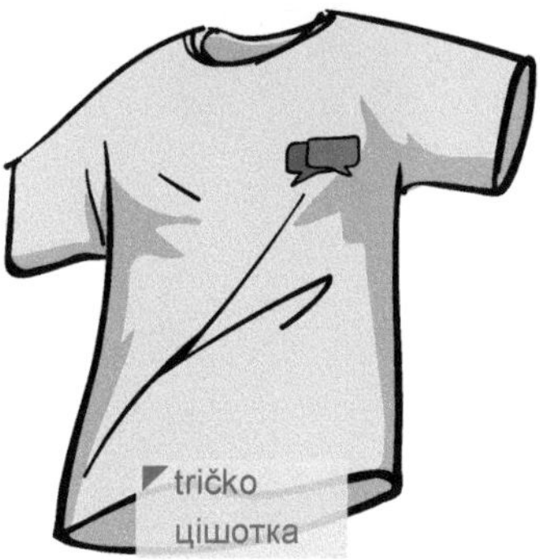

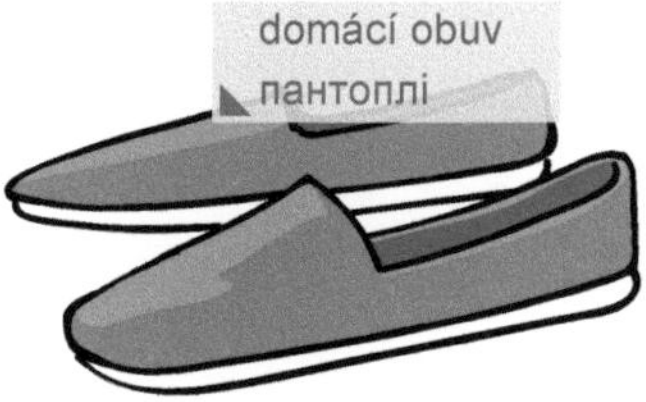

šála
шалік

pásek
рамень

deštník
парасон

tričko
цішотка

kozačky
боты

domácí obuv
пантоплі

tenisky
красоўкі

sandály
сандалі

obuv
абутак

holínky
гумовыя боты

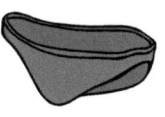

spodní prádlo
трусы

podprsenka
бюстгальтар

nátělník
майка

body

бодзі

kalhoty

штаны

džíny

джынсы

sukně

спадніца

blůza

блузка

košile

кашуля

svetr

джэмпер

mikina

талстоўка

blejzr

блэйзер

bunda

куртка

kabát

паліто

pláštěnka

дажджавік

kostým

касцюм

šaty

сукенка

svatební šaty

вясельная сукенка

oblek

касцюм

noční košile

начная сарочка

pyžamo

піжама

sárí

сары

šátek na hlavu

хустка

turban

цюрбан

burka

паранджа

kaftan

каптан

abája

Абая

plavky

купальнік

pánské plavky

плаўкі

kraťasy

шорты

tepláková souprava

спартыўны касцюм

zástěra

фартух

rukavice

пальчаткі

knoflík

гузік

brýle

акуляры

náramek

бранзалет

náhrdelník

каралі

prsten

кальцо

náušnice

завушніца

čepice

кепка

ramínko

вешалка

klobouk

капялюш

kravata

гальштук

zip

маланка

helma

шлем

kšandy

падцяжкі

školní uniforma

школьная форма

uniforma

уніформа

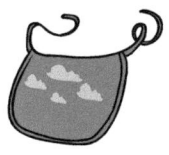

bryndák

нагруднік

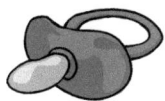

dudlík

пустышка

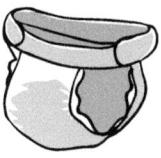

plena

падгузнік

kancelář
офіс

server
сервер
kartotéka
канцылярская шафа
tiskárna
прынтэр
papír
папера
monitor
манітор
psací stůl
пісьмовы стол
myš
мыш
šanon
тэчка
klávesnice
клавіятура
odpadkový koš na papír
смеццевы кошык
počítač
кампутар
židle
крэсла

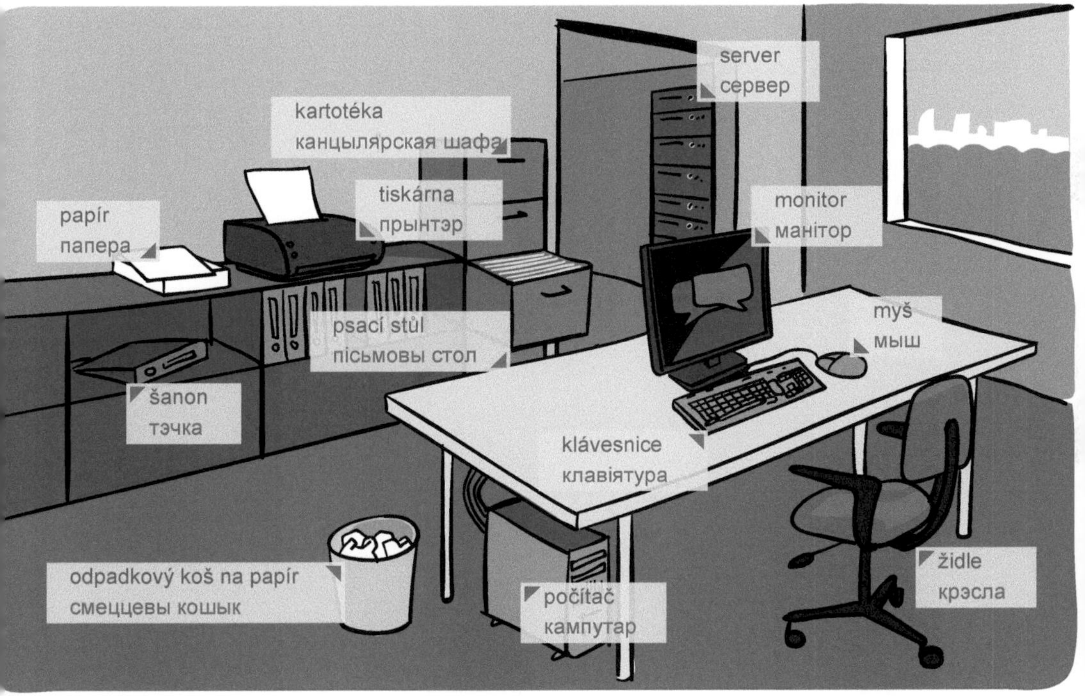

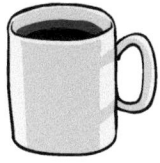

hrnek na kávu

кубак для кавы (філіжанка)

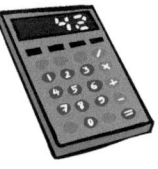

kalkulačka

калькулятар

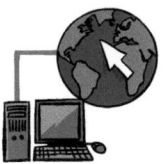

internet

інтэрнэт

notebook

ноўтбук

dopis

ліст

zpráva

паведамленне

mobil

мабільны тэлефон

síť

сетка

kopírka

ксеракс

software

праграмнае забеспячэнне

telefon

тэлефон

zásuvka

разетка

fax

факс

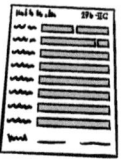

formulář

фармуляр

dokument

дакумент

nakupovat

купляць

zaplatit

плаціць

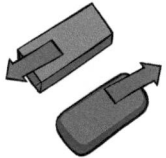

jednat

гандляваць

peníze

грошы

dolar

долар

euro

еўра

jen

ена

rubl

рубель

frank

франк

juan

кітайскі юань

rupie

рупія

bankomat

банкамат

směnárna

абменны пункт

zlato

золата

stříbro

срэбра

olej

нафта

energie

энергія

cena

цана

smlouva

кантракт

daň

падатак

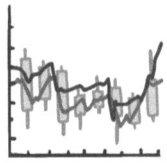

akcie

акцыя

pracovat

працаваць

zaměstnanec

служачы

zaměstnavatel

працадаўца

továrna

фабрыка

obchod

крама

povolání
прафесii

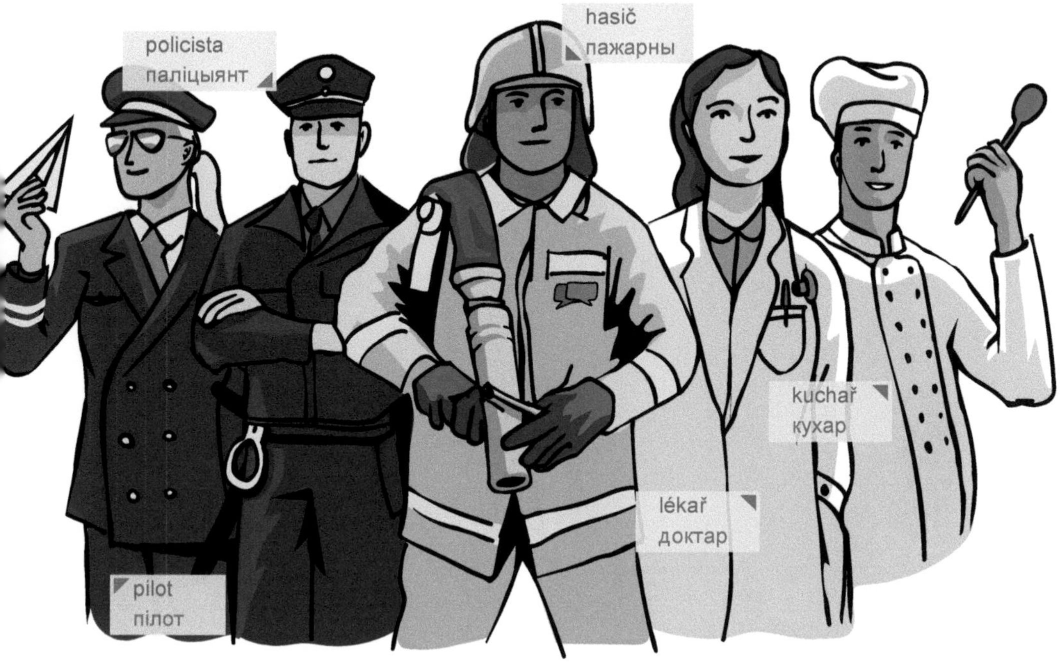

policista
паліцыянт
hasič
пажарны
kuchař
кухар
lékař
доктар
pilot
пілот

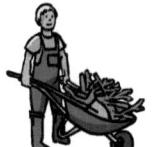

zahradník
садоўнік

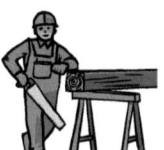

truhlář
слесар

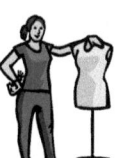

švadlena
швачка

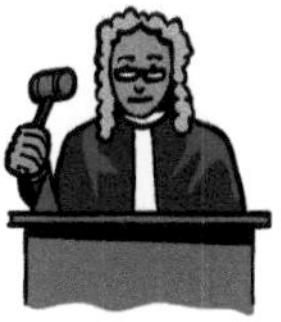

soudce
суддзя

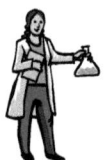

chemik
хімік

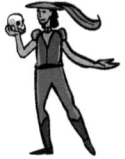

herec
артыст

řidič autobusu

кіроўца аўтобуса

řidič taxi

таксіст

rybář

рыбак

uklízečka

прыбіральшчыца

pokrývač

страхар

číšník

афіцыянт

myslivec

паляўнічы

malíř

мастак

pekař

пекар

elektrikář

электрык

stavební dělník

будаўнік

inženýr

інжынер

řezník

мяснік

klempíř

сантэхнік

listonoš

паштальён

voják

салдат

architekt

архітэктар

pokladní

касір

florista

фларыст

kadeřník

цырульнік

průvodčí

кандуктар

mechanik

механік

kapitán

капітан

zubař

стаматолаг

vědec

вучоны

rabín

рабін

imám

імам

mnich

манах

duchovní

святар

nářadí
інструменты

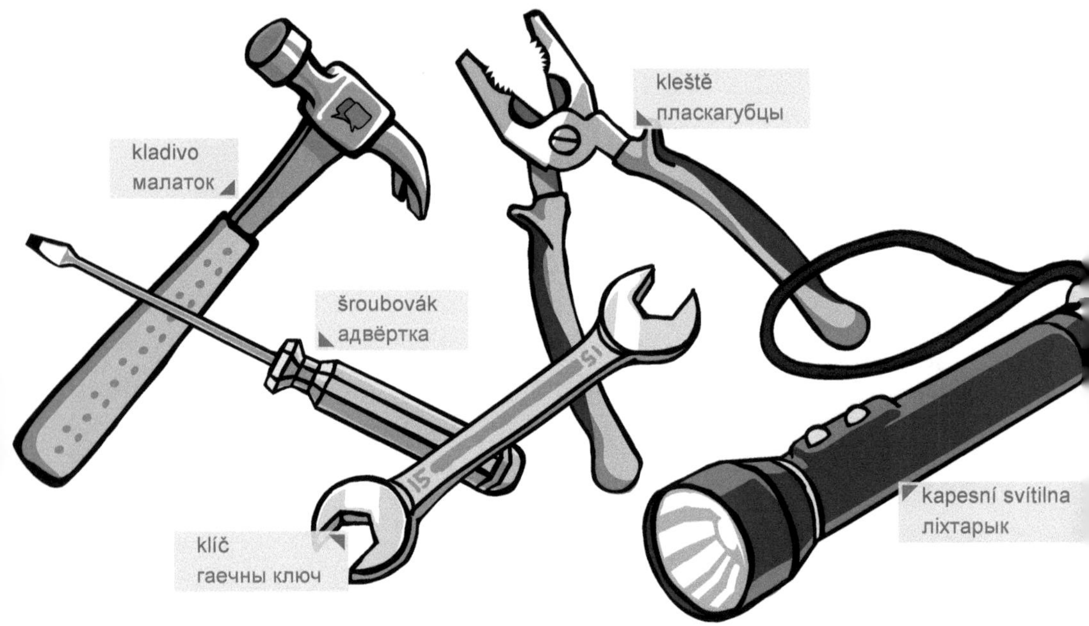
kladivo
малаток
kleště
пласкагубцы
šroubovák
адвёртка
klíč
гаечны ключ
kapesní svítilna
ліхтарык

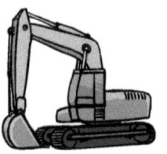

bagr

экскаватар

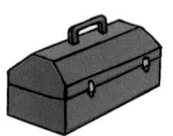

skříň na nářadí

скрыня для інструментаў

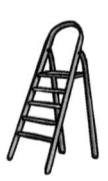

žebřík

дравіны

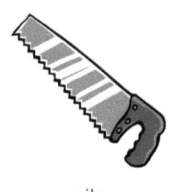

pila

піла

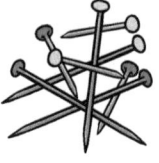

hřebíky

цвікі

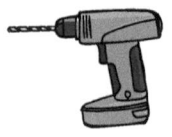

vrtačka

дрыль

opravit

рамантаваць

lopata

рыдлеўка

Kurva!

Халера!

lopatka

шуфлік для смецця

vědroé na barvu

вядро з фарбаю

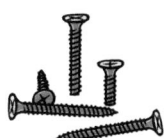

šrouby

балты

hudební nástroje
музычныя інструменты

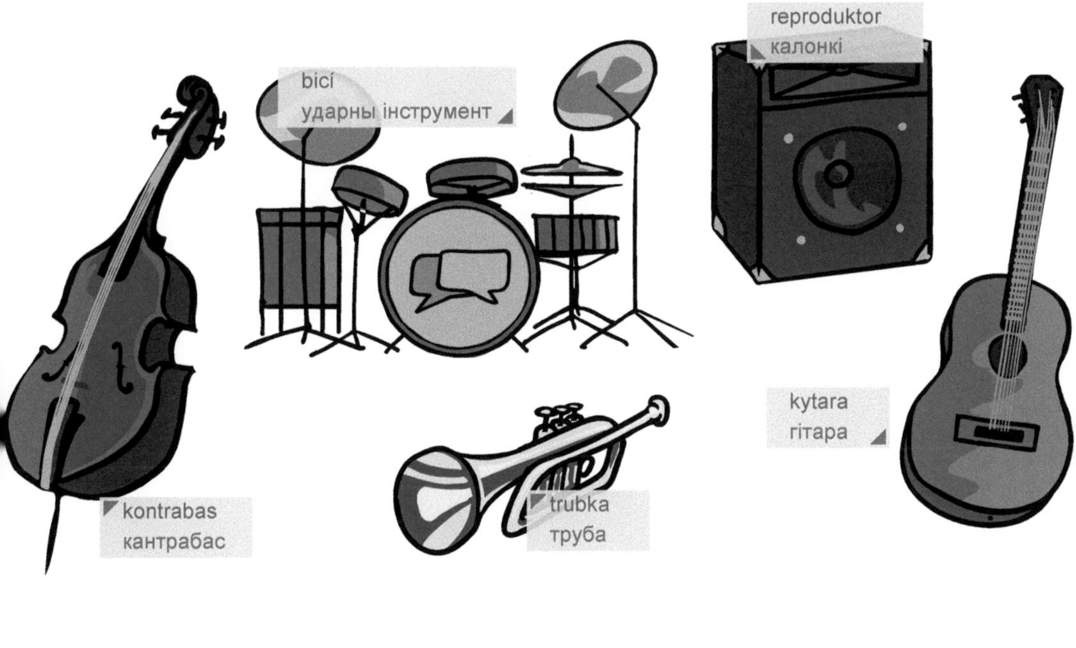

bicí
ударны інструмент

reproduktor
калонкі

kytara
гітара

kontrabas
кантрабас

trubka
труба

klavír

píянína

housle

скрыпка

basa

басгітара

tympán

літаўры

bubny

барабан

keyboard

клавішны электрамузычны інструмент

saxofon

саксафон

flétna

флейта

mikrofon

мікрафон

zoo

заапарк

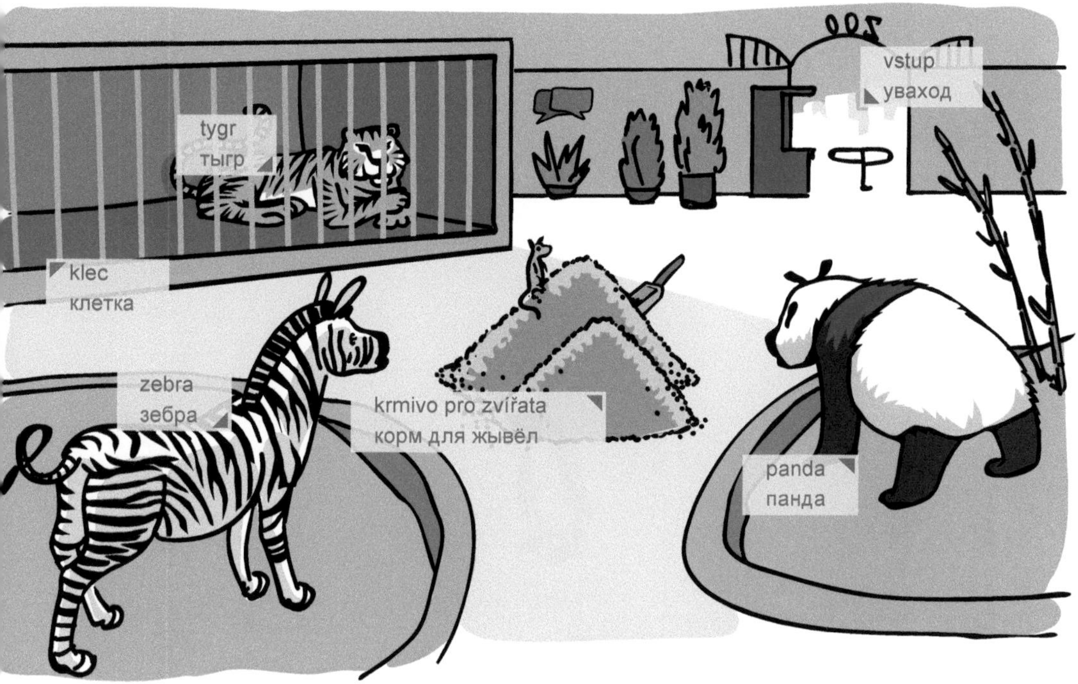

vstup
уваход
tygr
тыгр
klec
клетка
zebra
зебра
krmivo pro zvířata
корм для жывёл
panda
панда

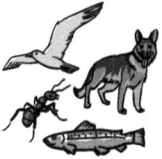

zvířata

жывёлы

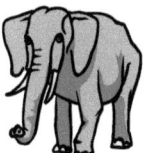

slon

слон

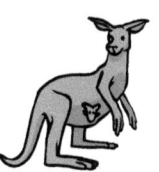

klokan

кенгуру

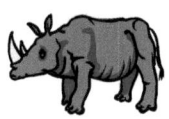

nosorožec

насарог

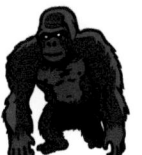

gorila

гарыла

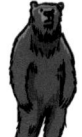

medvěd

мядзведзь

velbloud

вярблюд

pštros

стравус

lev

леў

opice

малпа

plameňák

фламінга

papoušek

папугай

lední medvěd

белы мядзведзь

tučňák

пінгвін

žralok

акула

páv

паўлін

had

змяя

krokodýl

кракадзіл

ošetřovatel zvířat

наглядчык заапарка

tuleň

цюлень

jaguár

ягуар

poník

поні

leopard

леапард

hroch

бегемот

žirafa

жыраф

orel

арол

divoké prase

дзік

ryby

рыбак

želva

чарапаха

mrož

морж

liška

ліса

gazela

газель

americký fotbal
амерыканскі футбол

cyklistika
веласпорт

tenis
тэніс

košíková
баскетбол

plavání
плаванне

box
бокс

lední hokej
хакей з шайбай

kopaná

футбол

badminton

бадмінтон

lehká atletika

лёгкая атлетыка

házená

гандбол

běh na lyžích

горныя лыжы

vodní pólo

пола

skočit
скакаць

smát se
смяяцца

objímat
абдымаць

jít
ісці

zpívat
спяваць

snít
марыць

modlit se
маліцца

políbit
цалаваць

psát
пісаць

kreslit
маляваць

ukazovat
паказваць

tlačit
націснуць

dát
даваць

vzít si
браць

mít

маць

dělat

выконваць

být

быць

stát

стаяць

běhat

бегчы

táhnout

цягнуць

hodit

кідаць

padat

падаць

ležet

ляжаць

čekat

чакаць

nosit

насіць

sedět

сядзець

oblékat

апранацца

spát

спаць

vzbudit se

прачынацца

prohlédnout si

глядзець

plakat

плакаць

pohladit

лашчыць

česat

прычэсвацца

hovořit

гаварыць

rozumět

разумець

ptát se

пытаць

slyšet

чуць

pít

піць

jíst

есці

uklidit

прыбіраць

milovat

кахаць

vařit

гатаваць

jet

ехаць

letět

лятаць

plachtit

плаваць пад ветразем

počítat

лічыць

číst

чытаць

učit se

вучыць

pracovat

працаваць

vzít si

уступаць у шлюб

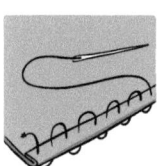

šít

шыць

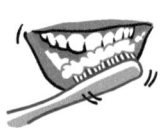

čistit si zuby

чысціць зубы

zabít

забіваць

kouřit

курыць

poslat

пасылаць

babička
бабуля

dědeček
дзядуля

otec
бацька

matka
маці

dítě
дзіця

dcera
дачка

syn
сын

host

госць

teta

цётка

strýc

дзядзька

bratr

брат

sestra

сястра

tělo
цела

čelo
лоб
oko
вока
rameno
плячо
prst
палец
obličej
твар
brada
падбародак
ruka
рука
dolní končetina
нага
hruď
грудзі
paže
рука

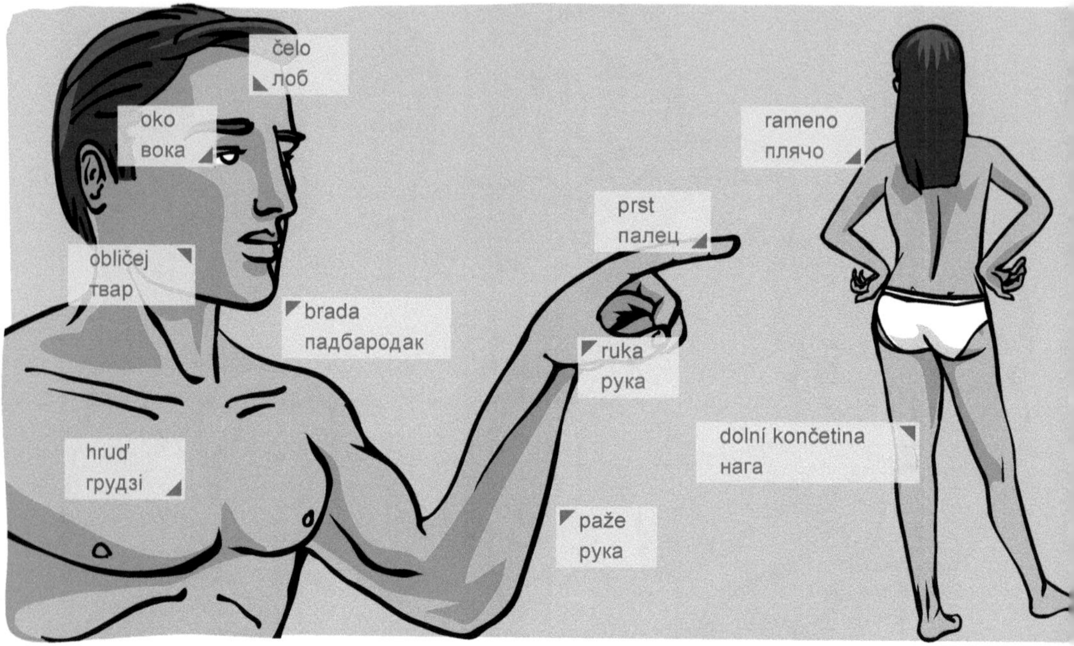

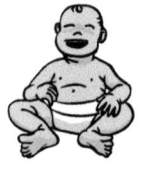

dítě
дзіця

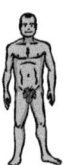

muž
мужчына

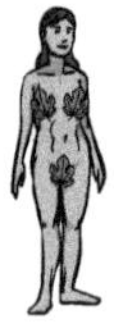

žena
жанчына

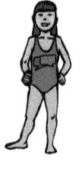

dívka
дзяўчынка

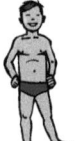

chlapec
хлопчык

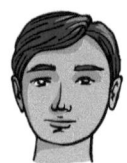

hlava
галава

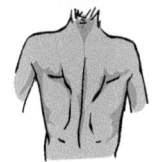

záda

спіна

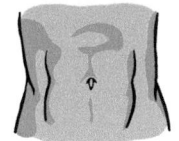

břicho

жывот

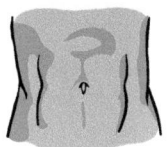

pupík

пуп

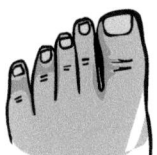

prst na noze

палец нагі

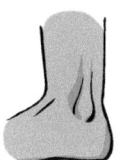

pata

пятка

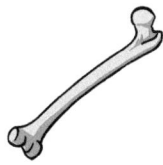

kost

костка

bok

бядро

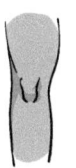

koleno

калена

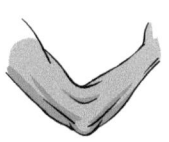

loket

локаць

nos

нос

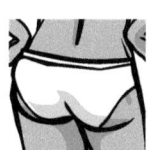

zadek

ягадзіца

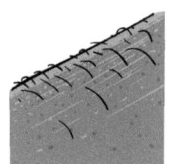

kůže

скура

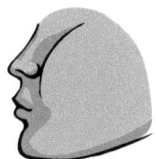

tvář

шчака

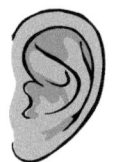

ucho

вуха

ret

губа

ústa
рот

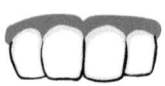

zub
зуб

jazyk
язык

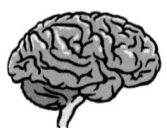

mozek
галаўны мозг

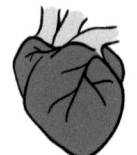

srdce
сэрца

sval
мышца

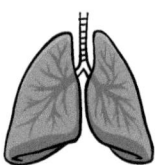

plíce
лёгкае

játra
пячонка

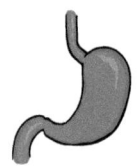

žaludek
страўнік

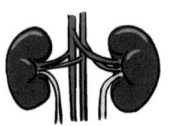

ledviny
ныркі

pohlavní styk
сэкс

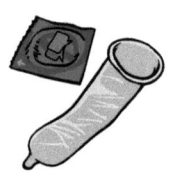

kondom
прэзерватыў

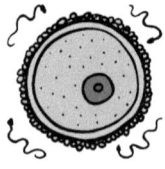

vajíčko
яйцаклетка

sperma
сперма

těhotenství
цяжарнасць

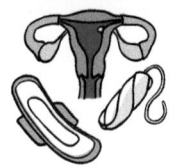

menstruace

менструацыя

vagina

похва

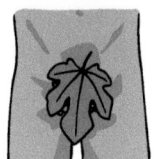

penis

пеніс

obočí

брыво

vlasy

валасы

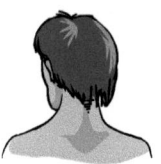

krk

шыя

nemocnice

шпіталь

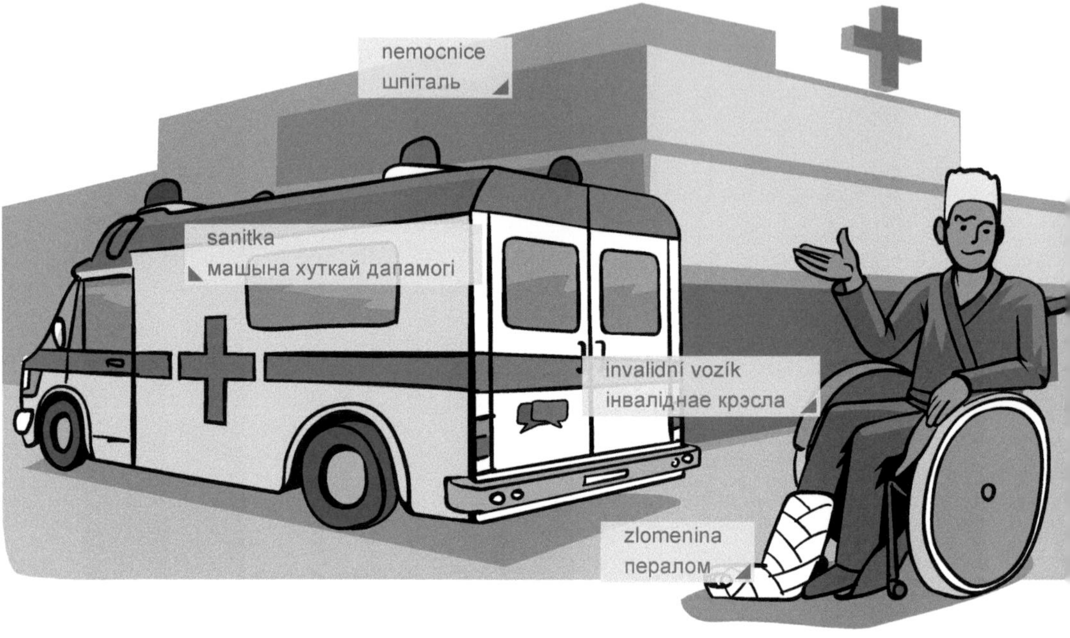

nemocnice
шпіталь
sanitka
машына хуткай дапамогі
invalidní vozík
інваліднае крэсла
zlomenina
пералом

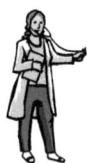

lékař

доктар

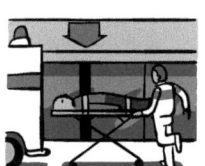

pohotovost

аддзяленне першай дапамогі

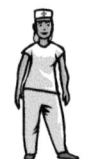

zdravotní sestra

медсястра

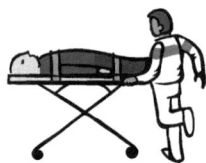

urgentní případ

экстраная дапамога

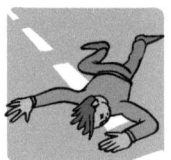

v bezvědomí

непрытомны

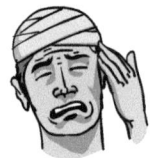

bolest

боль

úraz

траўма

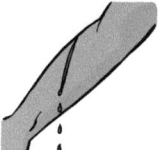

krvácení

крывацёк

infarkt myokardu

інфаркт

cévní mozková příhoda

апаплексія

alergie

алергія

kašel

кашаль

horečka

гарачка

chřipka

грып

průjem

панос

bolest hlavy

галаўны боль

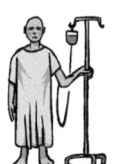

rakovina

рак

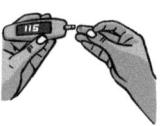

cukrovka

дыябет

chirurg

хірург

skalpel

скальпель

operace

аперацыя

CT
KT

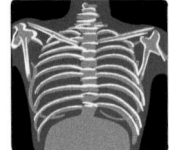

rentgen
рэнтген

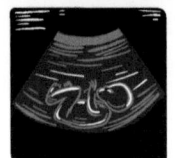

ultrazvuk
ультрагук

maska
маска

nemoc
хвароба

čekárna
пачакальня

berle
мыліца

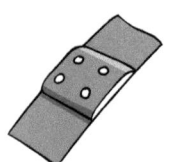

náplast
пластыр

obvaz
бінт

injekce
ін'екцыя

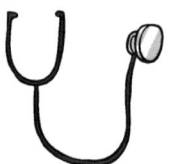

stetoskop
стэтаскоп

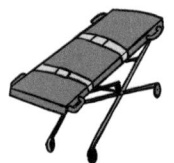

nosítka
насілкі

teploměr
градуснік

porod
нараджэнне

nadváha
лішняя вага

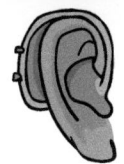

naslouchátko

слухавы апарат

dezinfekční prostředek

дэзінфекцыйны сродак

infekce

інфекцыя

virus

вірус

HIV / AIDS

ВІЧ/СНІД

lékařství

лекі

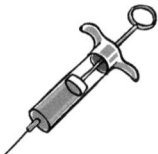

očkování

прышчэпка

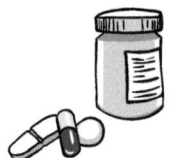

tablety

таблеткі

pilulka

супрацьзачаткавая таблетка

tísňové volání

экстраны выклік

tonometr

танометр

nemocný / zdravý

хворы / здаровы

Pomoc!

Ратуйце!

poplach

сігналізацыя

přepadení

напад

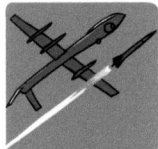

napadení

атака

nebezpečí

небяспека

nouzový východ

аварыйны выхад

Hoří!

Пажар!

hasicí přístroj

вогнетушыцель

nehoda

аварыя

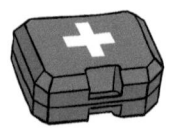

zdravotnická brašna

аптэчка

SOS

СОС

policie

паліцыя

Evropa

Еўропа

Severní Amerika

Паўночная Амерыка

Jižní Amerika

Паўднёвая Амерыка

Afrika

Афрыка

Asie

Азія

Austrálie

Аўстралія

Atlantik

Атлантычны акіян

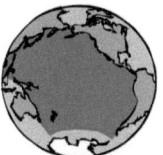

Pacifik

Ціхі акіян

Indický oceán

Індыйскі акіян

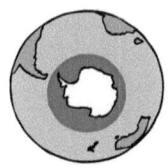

Jižní ledový oceán

Паўднёвы ледавіты акіян

Severní ledový oceán

Паўночны ледавіты акіян

severní pól

Паўночны полюс

jižní pól
....
Паўднёвы полюс

Antarktida
....
Антарктыда

země
....
Зямля

pevnina
....
краіна

moře
....
мора

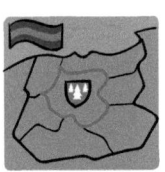

ostrov
....
востраў

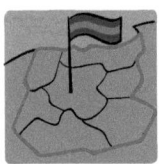

národ
....
нацыя

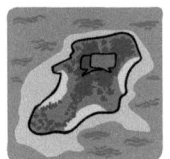

stát
....
дзяржава

ciferník

цыферблат

hodinová ručička

гадзінная стрэлка

minutová ručička

хвілінная стрэлка

vteřinová ručička

секундная стрэлка

Kolik je hodin?

Колькі часу?

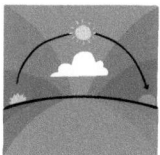

den

дзень

čas

час

teď

зараз

digitální hodinky

электронны гадзіннік

minuta

хвіліна

hodina

гадзіна

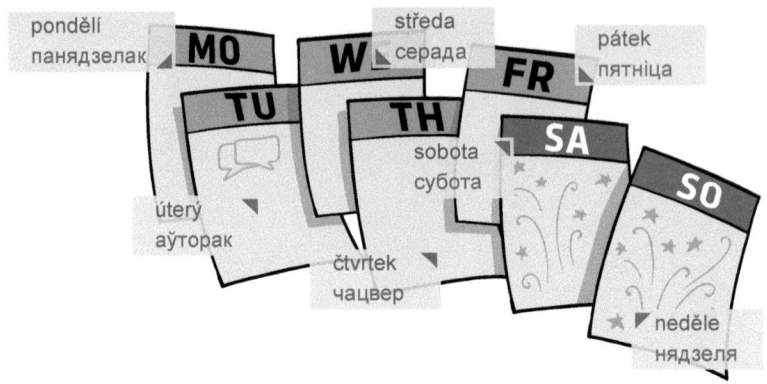

pondělí / панядзелак — MO

TU

středa / серада — W

FR — pátek / пятніца

TH — sobota / субота

SA

úterý / аўторак

čtvrtek / чацвер

SO

neděle / нядзеля

včera

ўчора

dnes

сёння

zítra

заўтра

ráno

раніца

poledne

абед

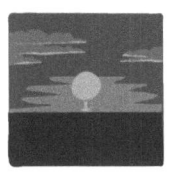

večer

вечар

pracovní dny

працоўныя дні

víkend

выхадныя

rok

год

déšť
дождж
duha
вясёлка
sníh
снег
vítr
вецер
jaro
вясна
podzim
восень
léto
лета
zima
зіма

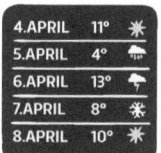

4.APRIL 11°
5.APRIL 4°
6.APRIL 13°
7.APRIL 8°
8.APRIL 10°

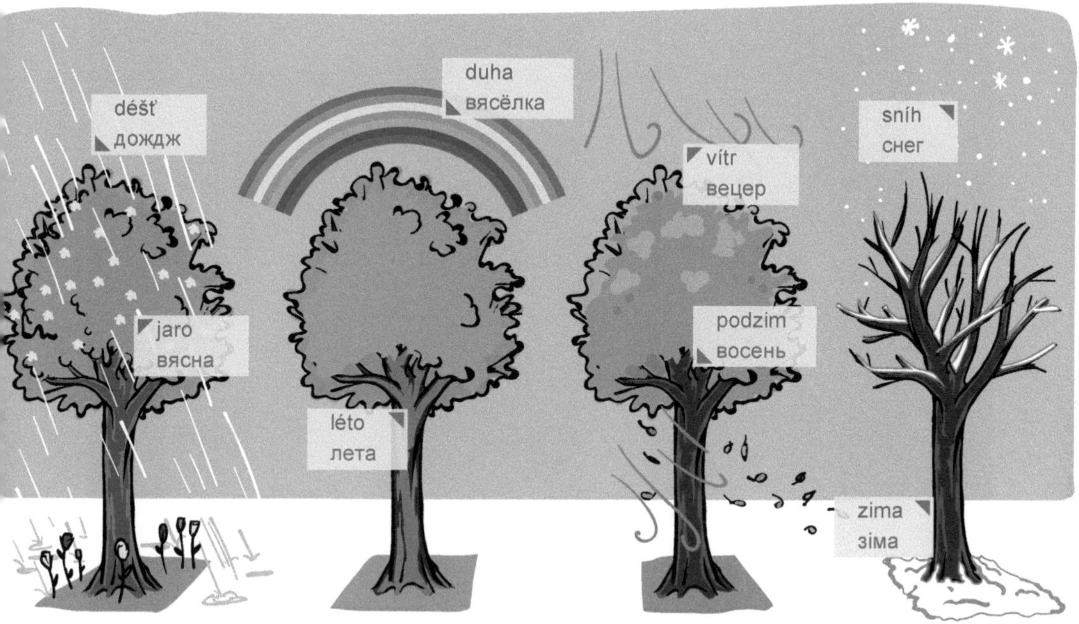

předpověď počasí

прагноз надвор'я

F C
120 40
90 30
60 20
30 10
0 0
-30 -10
-20

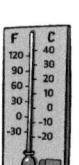

teploměr

градуснік

sluneční svit

сонечнае святло

mrak

воблака

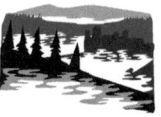

mlha

туман

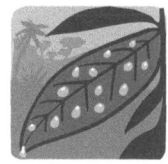

vlhkost

вільготнасць паветра

blesk

маланка

hrom

гром

bouřka

бура

kroupy

град

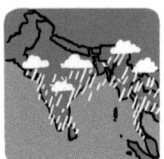

monzun

мусонны вецер

povodeň

прыліў

led

лёд

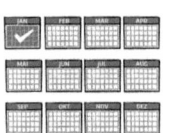

leden

студзень

únor

люты

březen

сакавік

duben

красавік

květen

май

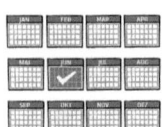

červen

чэрвень

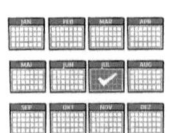

červenec

ліпень

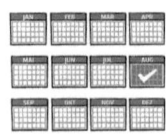

srpen

жнівень

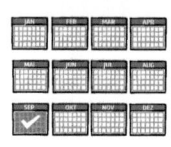

zář í
....
верасень

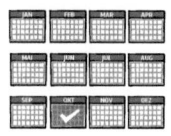

říjen
....
кастрычнік

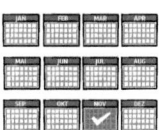

listopad
....
лістапад

prosinec
....
снежань

kruh
....
круг

čtverec
....
квадрат

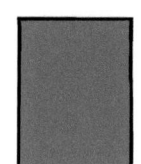

obdélník
....
прамавугольнік

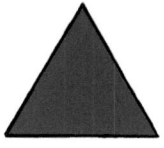

trojúhelník
....
трохвугольнік

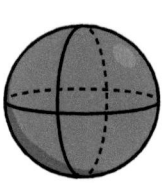

koule
....
шар

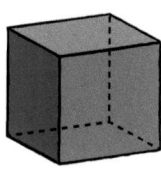

krychle
....
куб

bílá
белы

žlutá
жоўты

oranžová
аранжавы

růžová
ружовы

červená
чырвоны

fialová
фіялетавы

modrá
сіні

zelená
зялёны

hnědá
карычневы

šedá
шэры

černá
чорны

hodně / málo

шмат / мала

rozzuřený / mírumilovný

злы / добры

krásný / ošklivý

прыгожы / брыдкі

začátek / konec

пачатак / канец

velký / malý

высокі / малы

světlý / tmavý

светлы / цёмны

bratr / sestra

сястра / брат

čistý / špinavý

чысты / брудны

úplný / neúplný

поўны / няпоўны

den / noc

дзень / ноч

mrtvý / živý

мёртвы / жывы

široký / úzký

шырокі / вузкі

jedlý / nejedlý

ядомы / неядомы

zlý / hodný

злы / добры

vzrušený / znuděný

узбуджаны / нудны

tlustý / hubený

тоўсты / тонкі

nejdříve / naposledy

першы / апошні

přítel / nepřítel

сябар / вораг

plný / prázdný

поўны / пусты

tvrdý / měkký

цвёрды / мяккі

těžký / lehký

важкі / лёгкі

hlad / žízeň

голад / смага

nemocný / zdravý

хворы / здаровы

ilegální / legální

нелегальны / легальны

inteligentní / hloupý

разумны / дурны

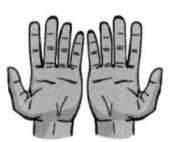

vlevo / vpravo

левы / правы

blízko / daleko

побач / далёка

nový / použitý

новы / былы ва ўжыванні

nic / něco

нічога / нешта

starý / mladý

стары / малады

zapnutý / vypnutý

укл / выкл

otevřeno / zavřeno

адчынены / зачынены

tichý / hlasitý

ціхі / гучны

bohatý / chudý

багаты / бедны

správný / špatný

правільна / няправільна

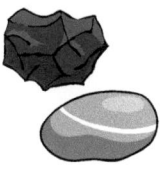

drsný / hladký

шурпаты / гладкі

smutný / šťastný

сумны / шчаслівы

krátký / dlouhý

кароткі / доўгі

pomalý / rychlý

павольны / хуткі

vlhký / suchý

вільготны / сухі

teplý / chladný

цёплы / халаднаваты

válka / mír

вайна / мір

0

nula

нуль

1

jedna

адзін

2

dva

два

3

tři

тры

4

čtyři

чатыры

5

pět

пяць

6

šest

шэсць

7

sedm

сем

8

osm

восем

9

devět

дзевяць

10

deset

дзесяць

11

jedenáct

адзінаццаць

12

dvanáct

дванаццаць

13

třináct

трынаццаць

14

čtrnáct

чатырнаццаць

15

patnáct

пятнаццаць

16

šestnáct

шаснаццаць

17

sedmnáct

сямнаццаць

18

osmnáct

васямнаццаць

19

devatenáct

дзевятнаццаць

20

dvacet

дваццаць

100

sto

сто

1.000

tisíc

тысяча

1.000.000

milion

мільён

angličtina

англійская

americká angličtina

англійская (Амерыка)

standardní čínština

кітайская мандарынская

hindština

хіндзі

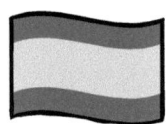

španělština

іспанская

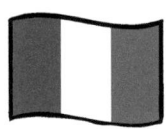

francouzština

французская

arabština

арабская

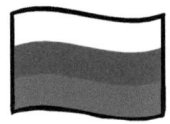

ruština

руская

portugalština

партугальская

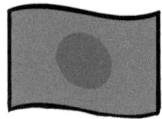

bengálština

бенгальская

němčina

нямецкая

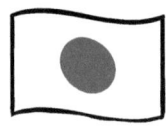

japonština

японская

já

я

ty

ты

on / ona / ono

ён / яна / яно

my

мы

vy

вы

oni

яны

Kdo?

хто?

Co?

што?

Jak?

як?

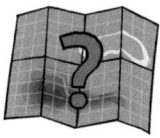

Kde?

дзе?

Kdy?

калі?

jméno

імя

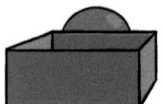

za
....
за

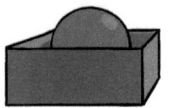

do
....
у

z
....
перад

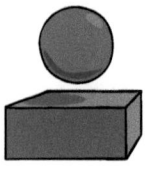

nad
....
над

na
....
на

mezi
....
пад

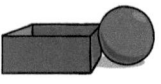

vedle
....
каля

mezi
....
паміж

místo
....
месца